MW00892489

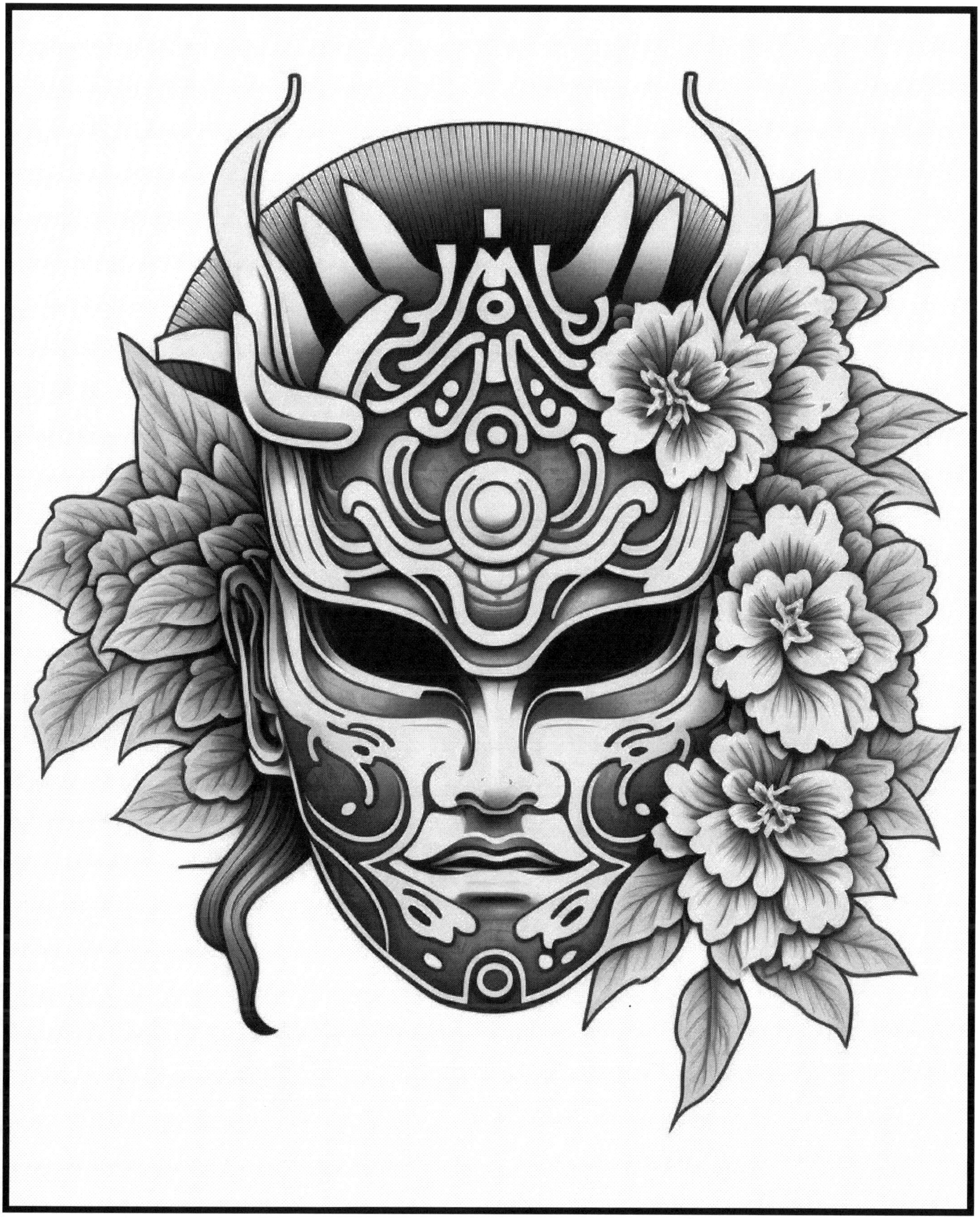

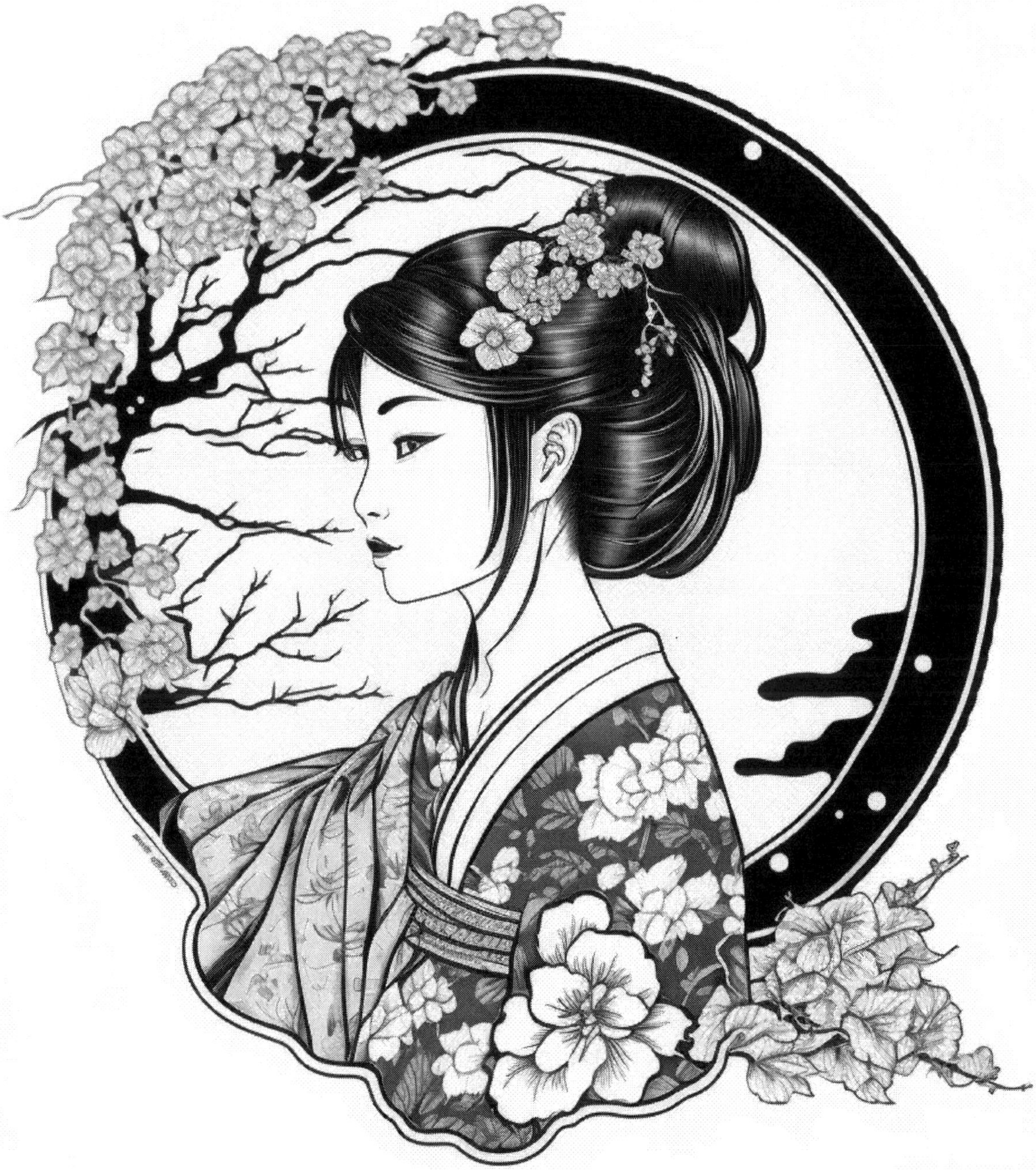

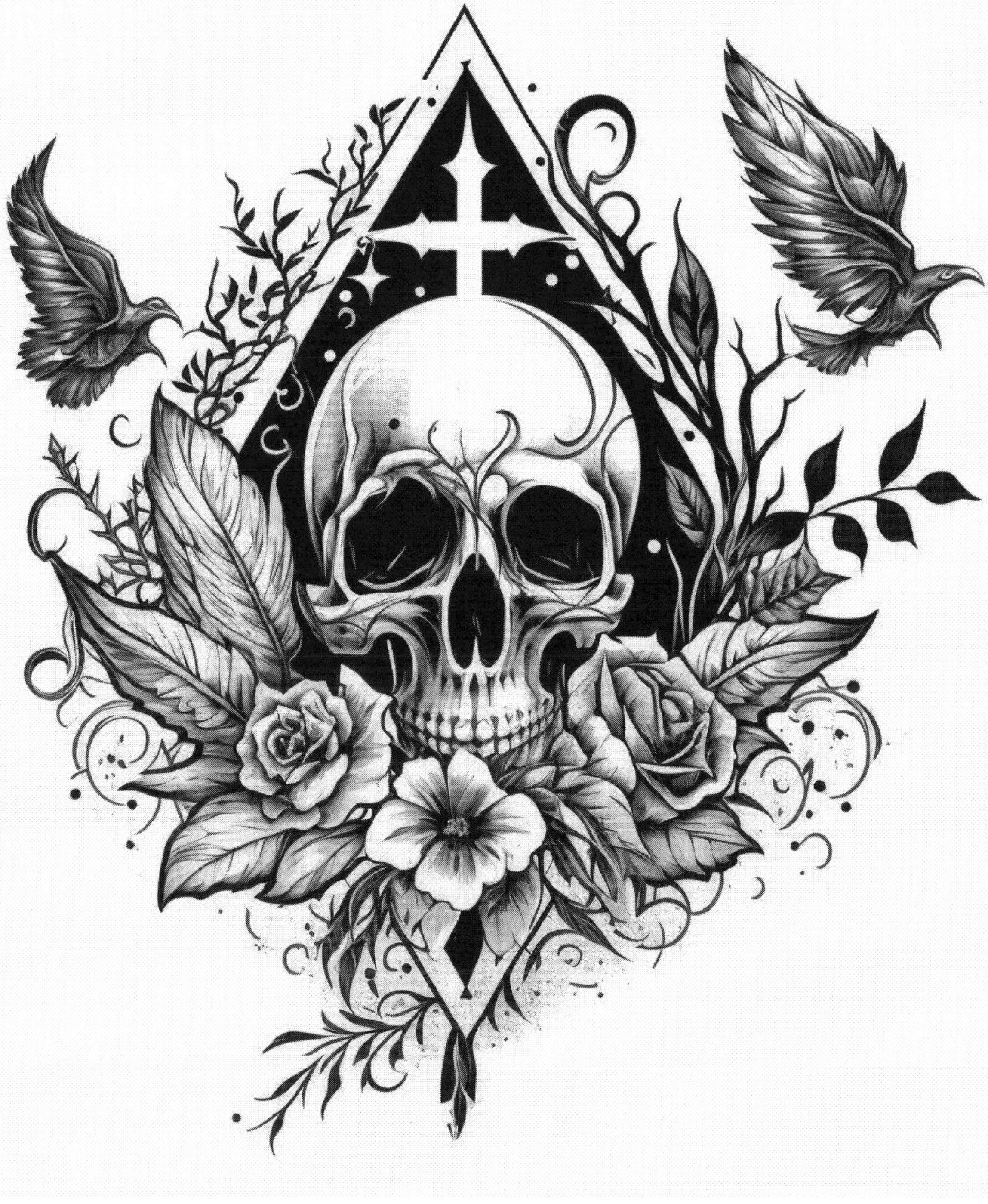

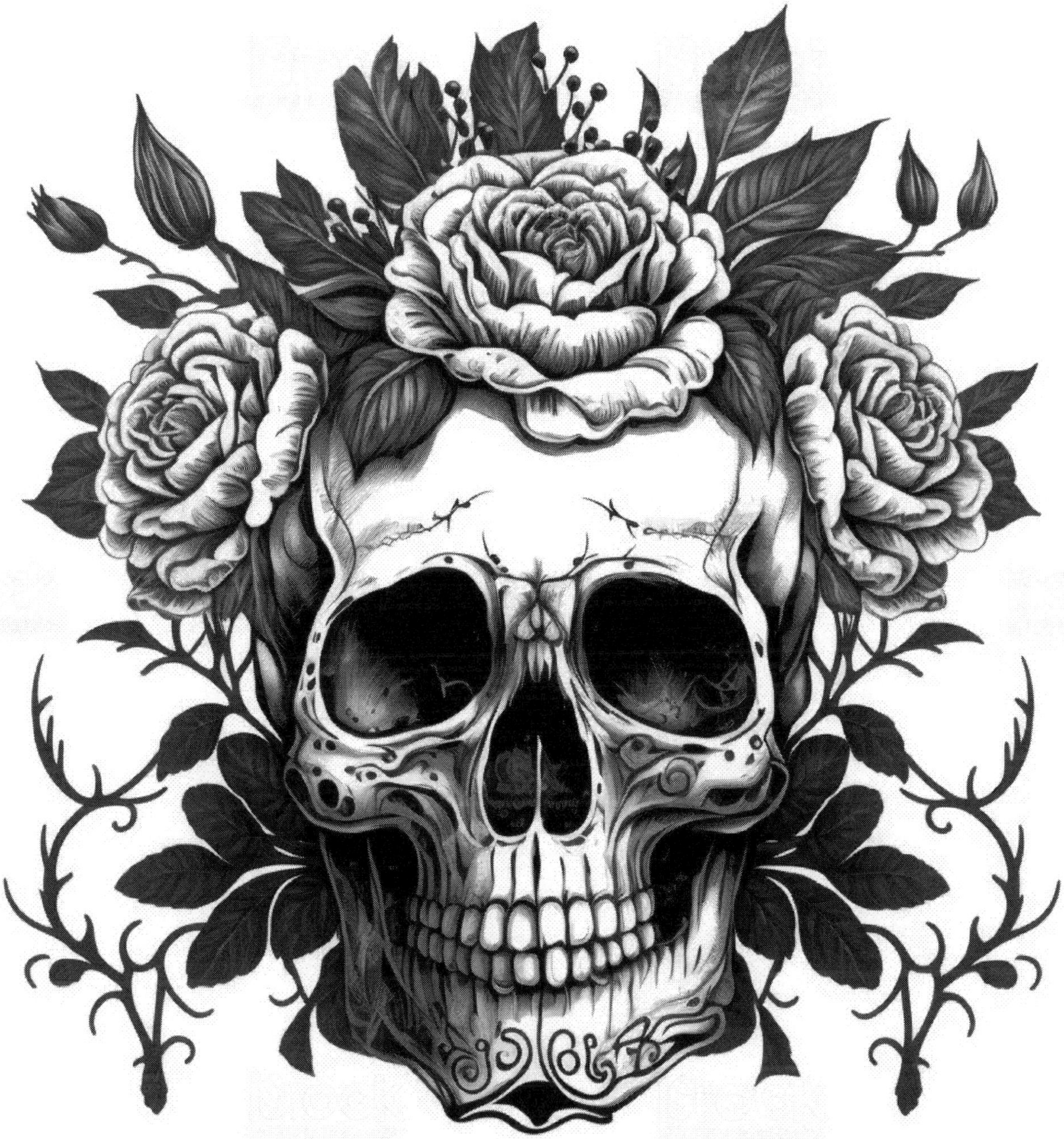

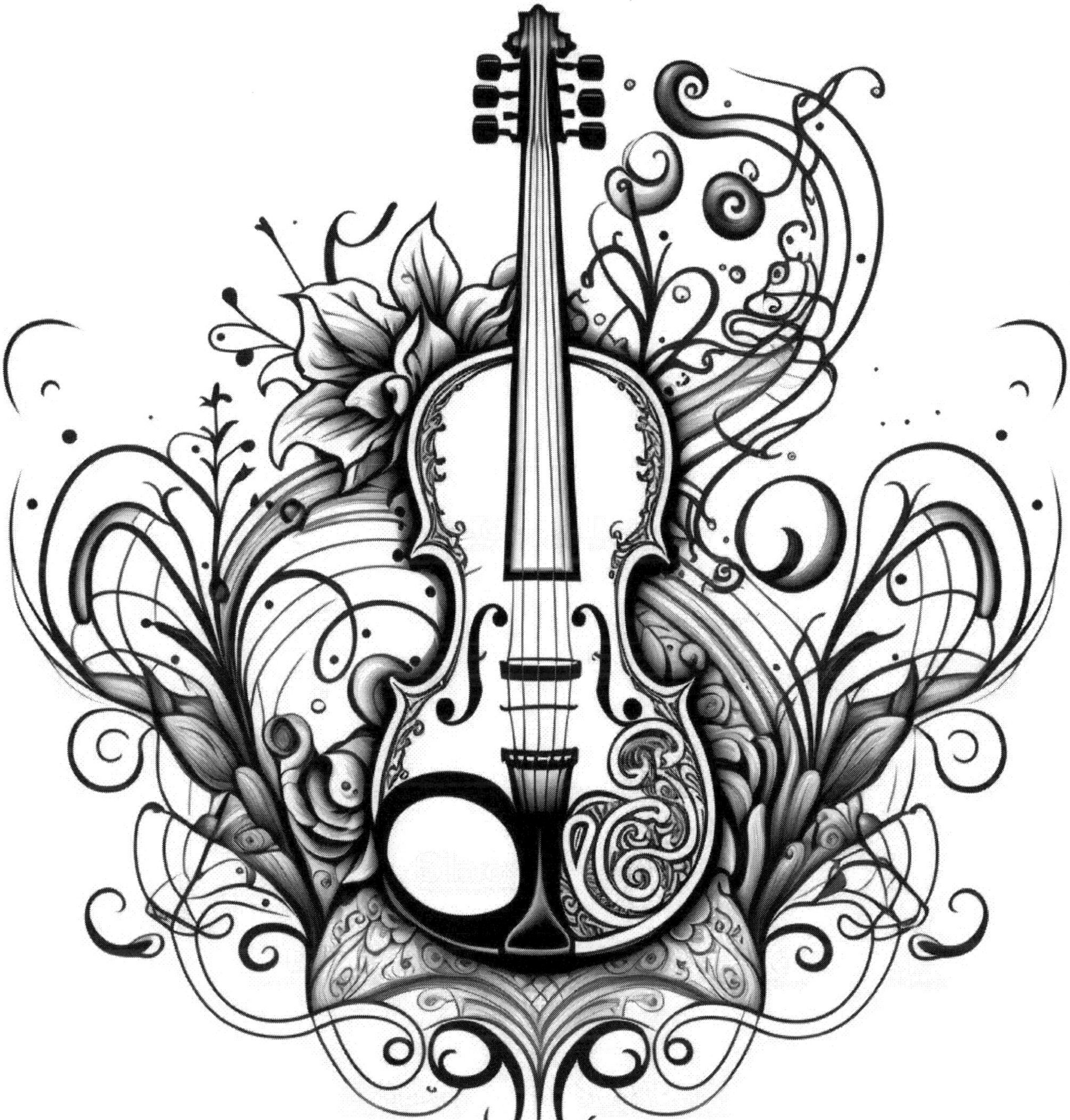

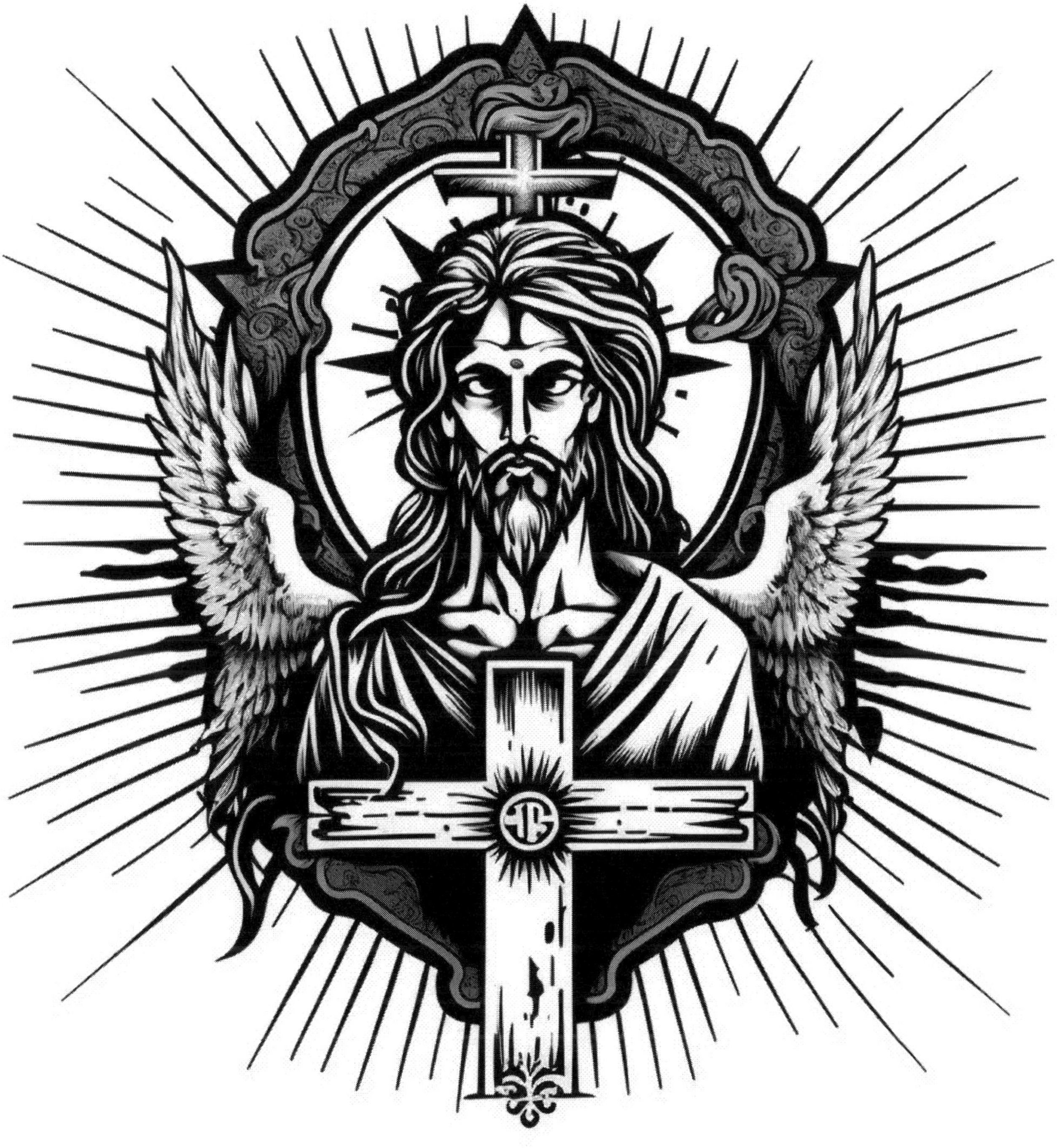

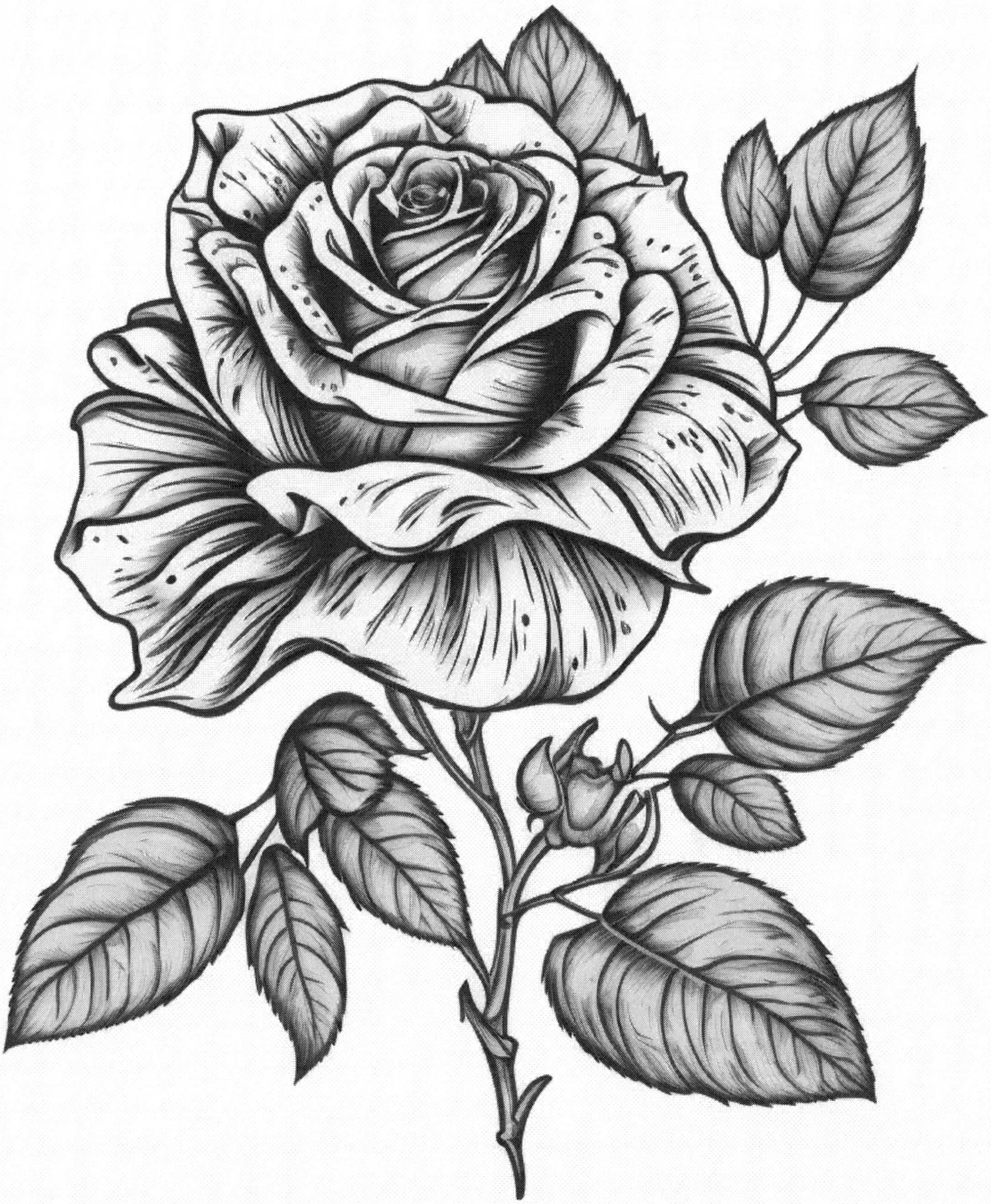

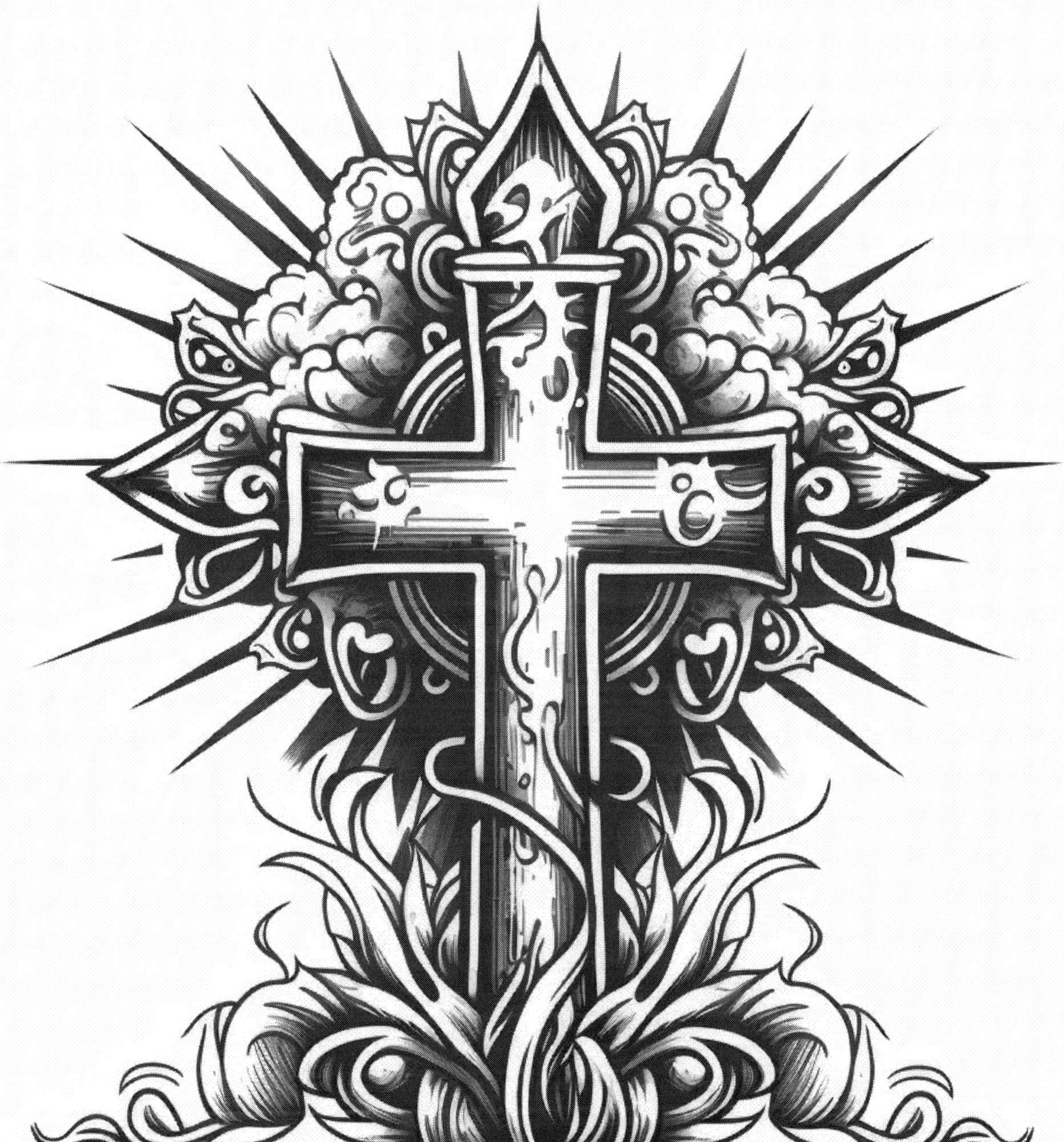

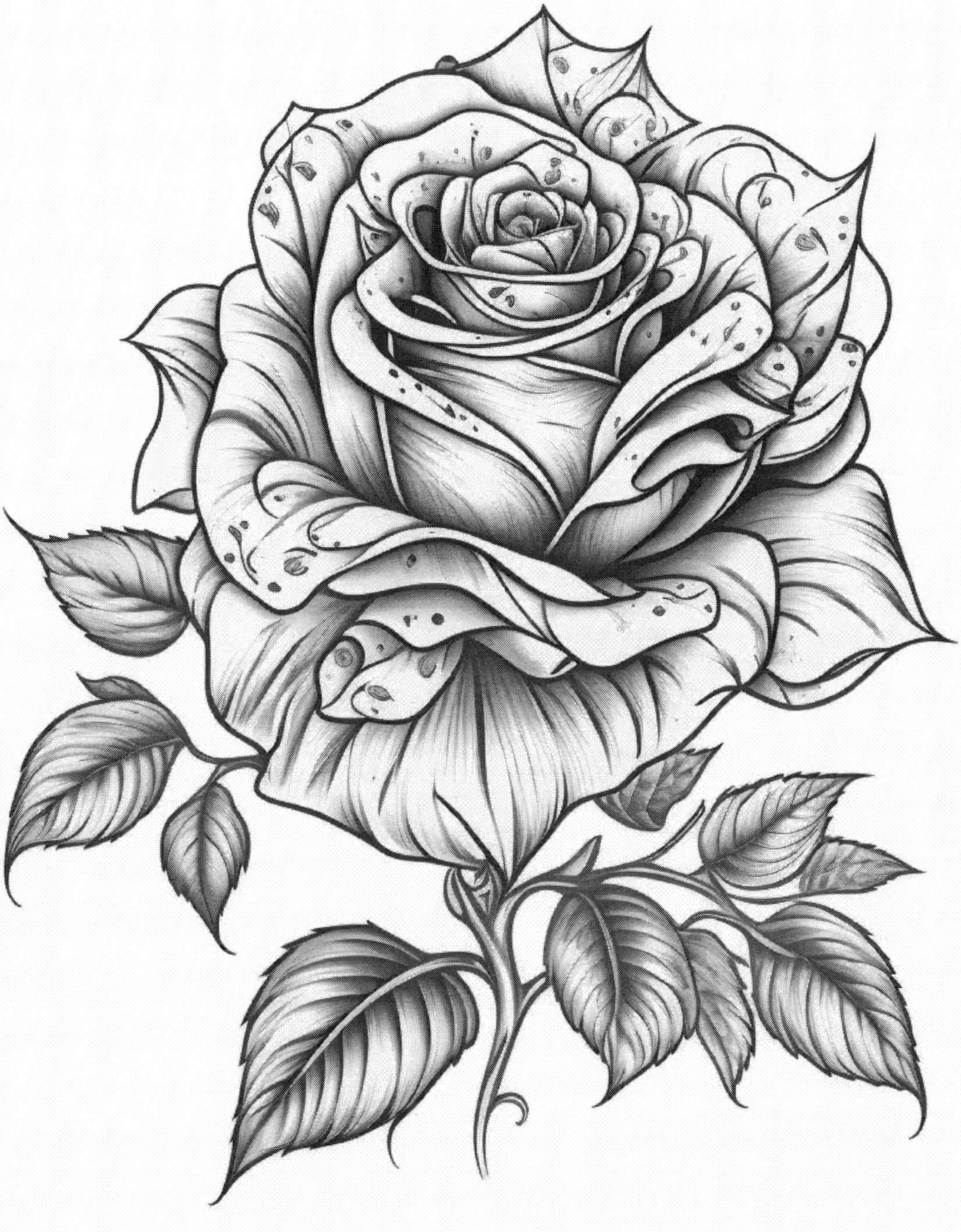

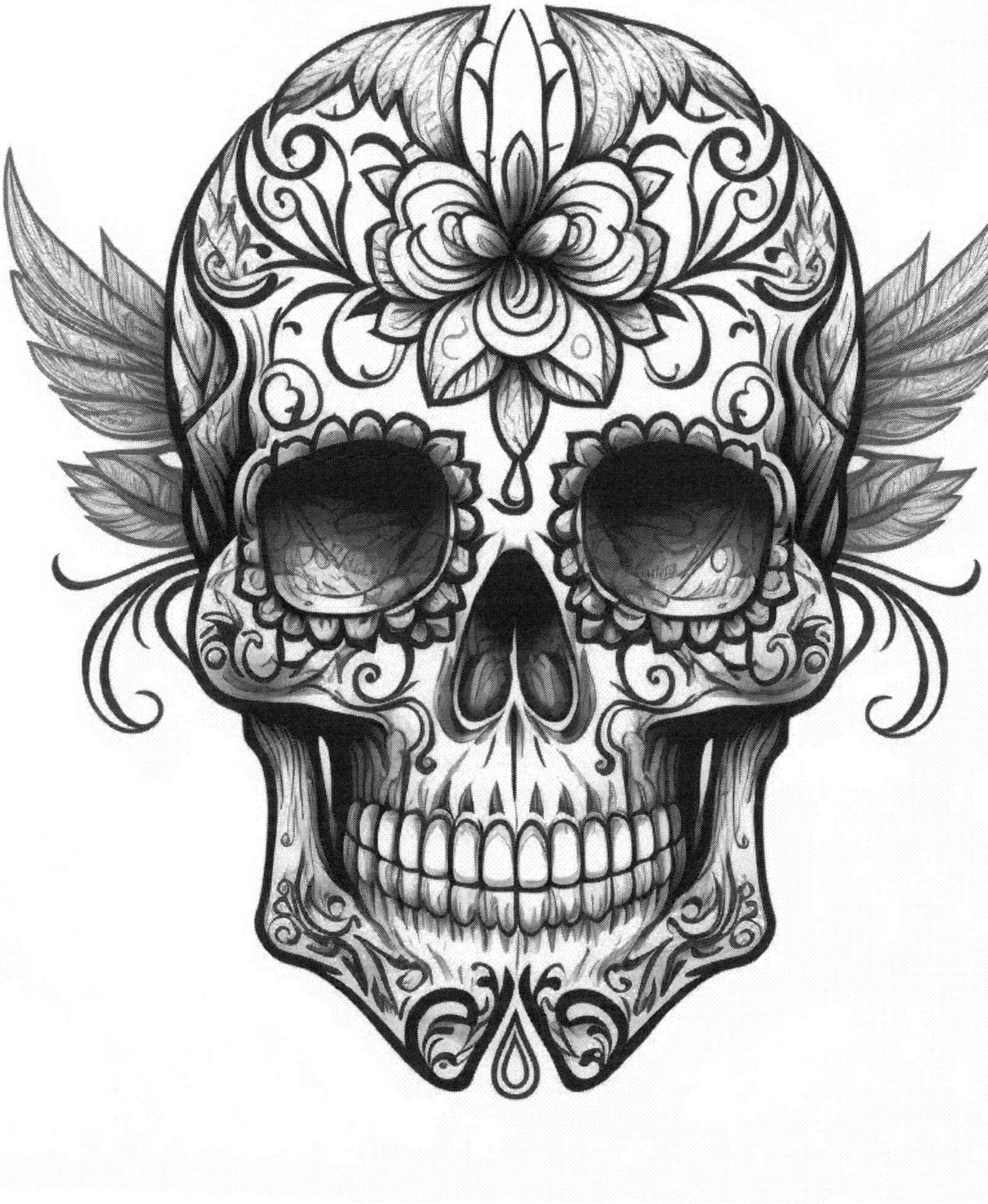

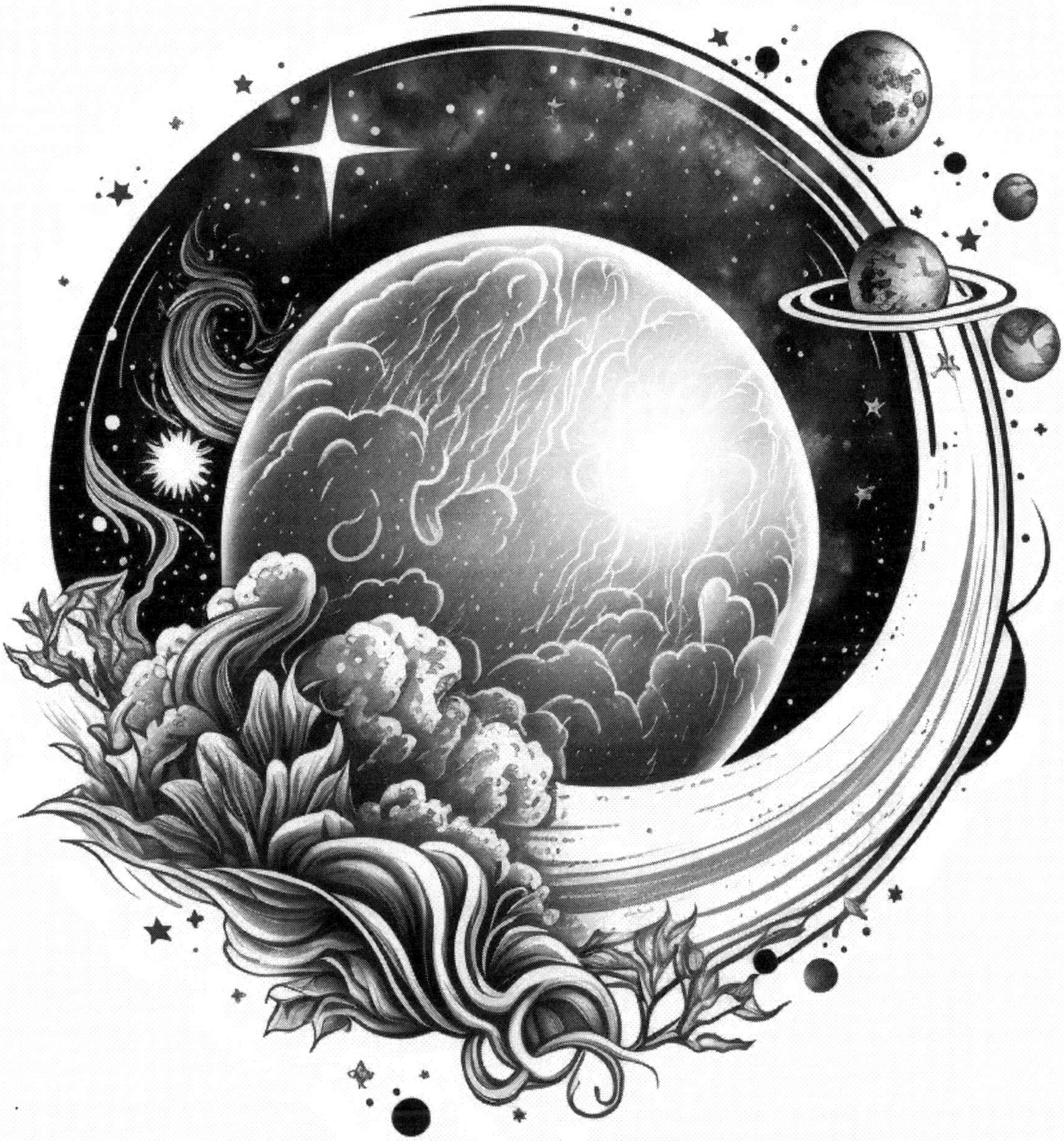

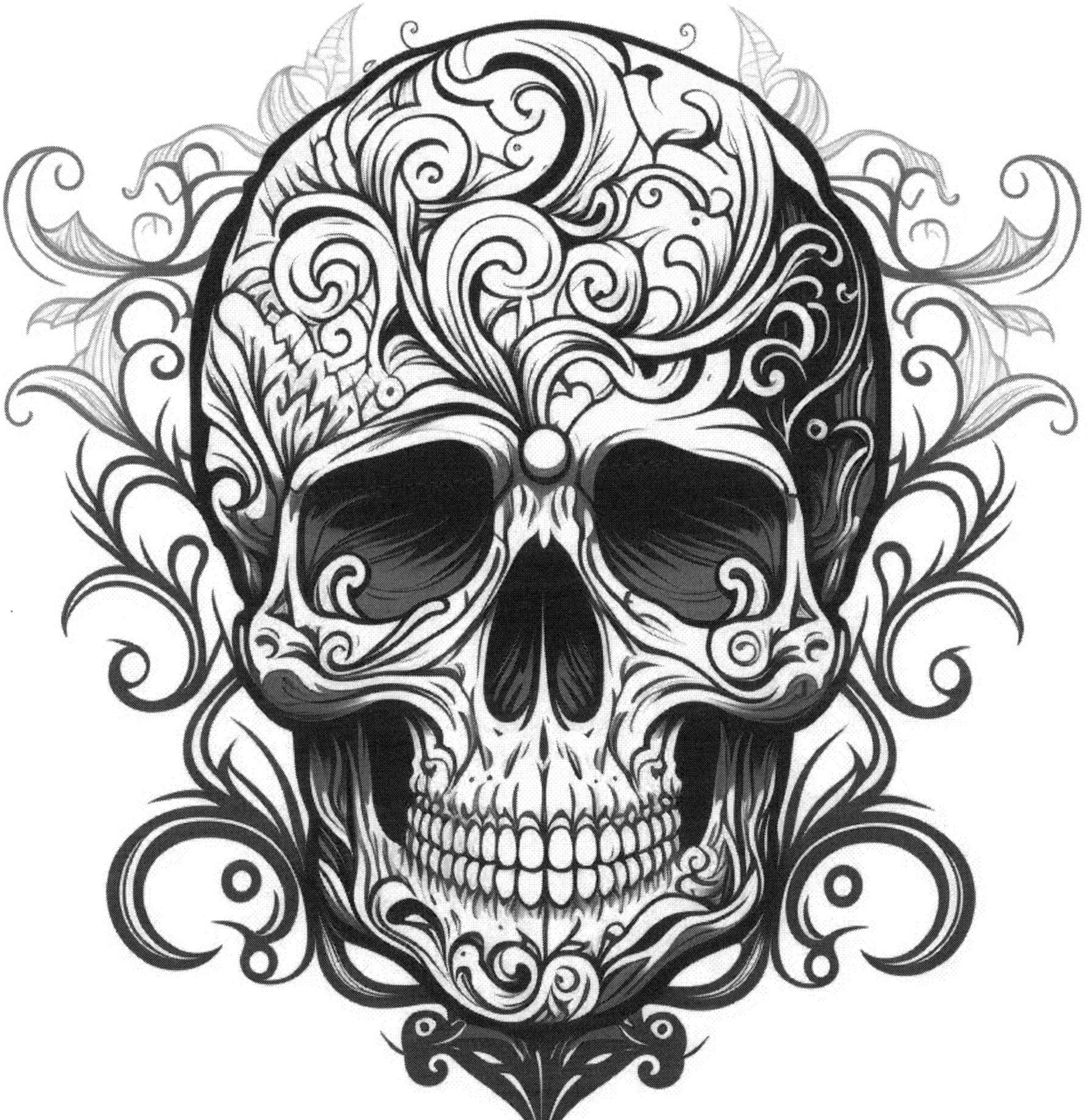

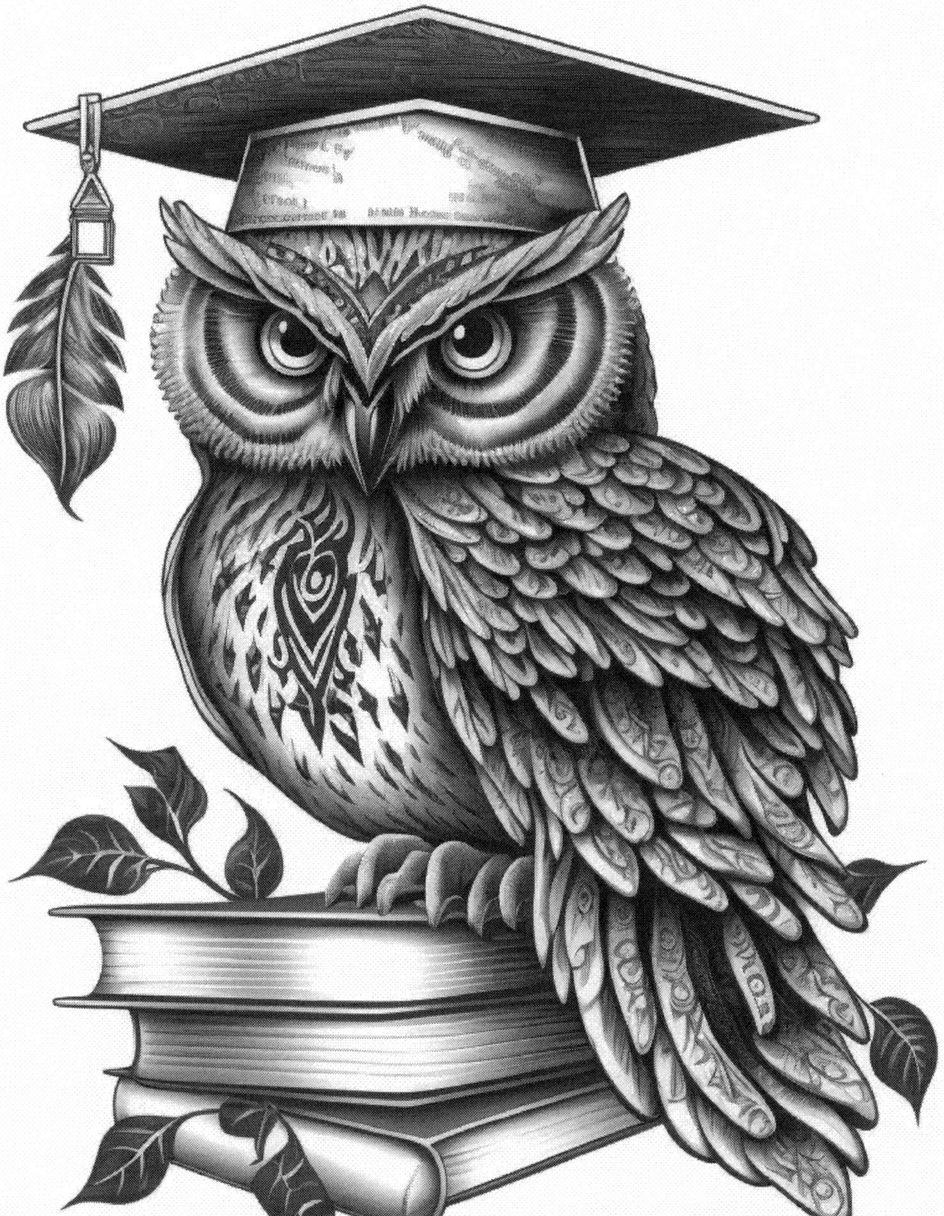

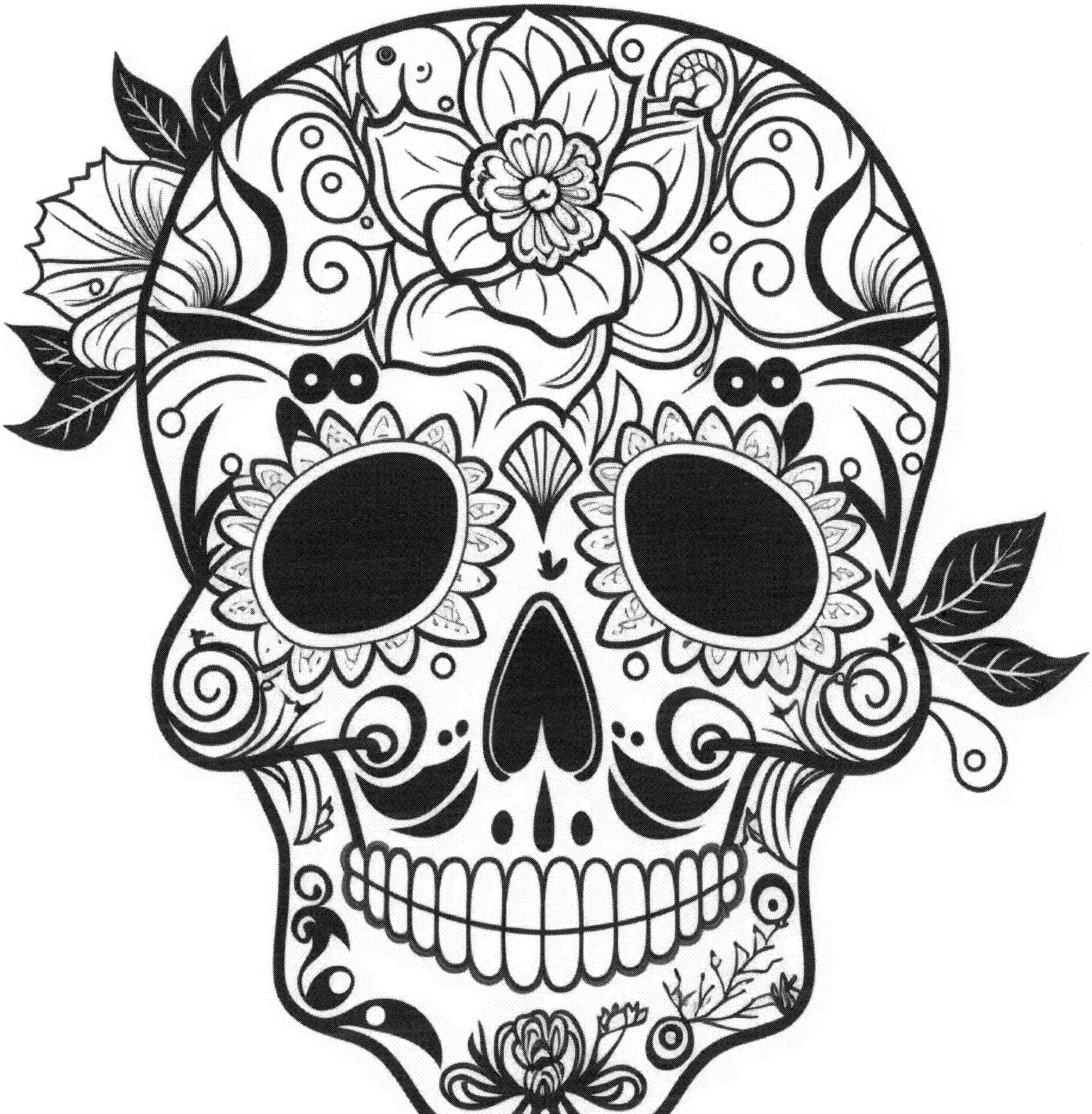

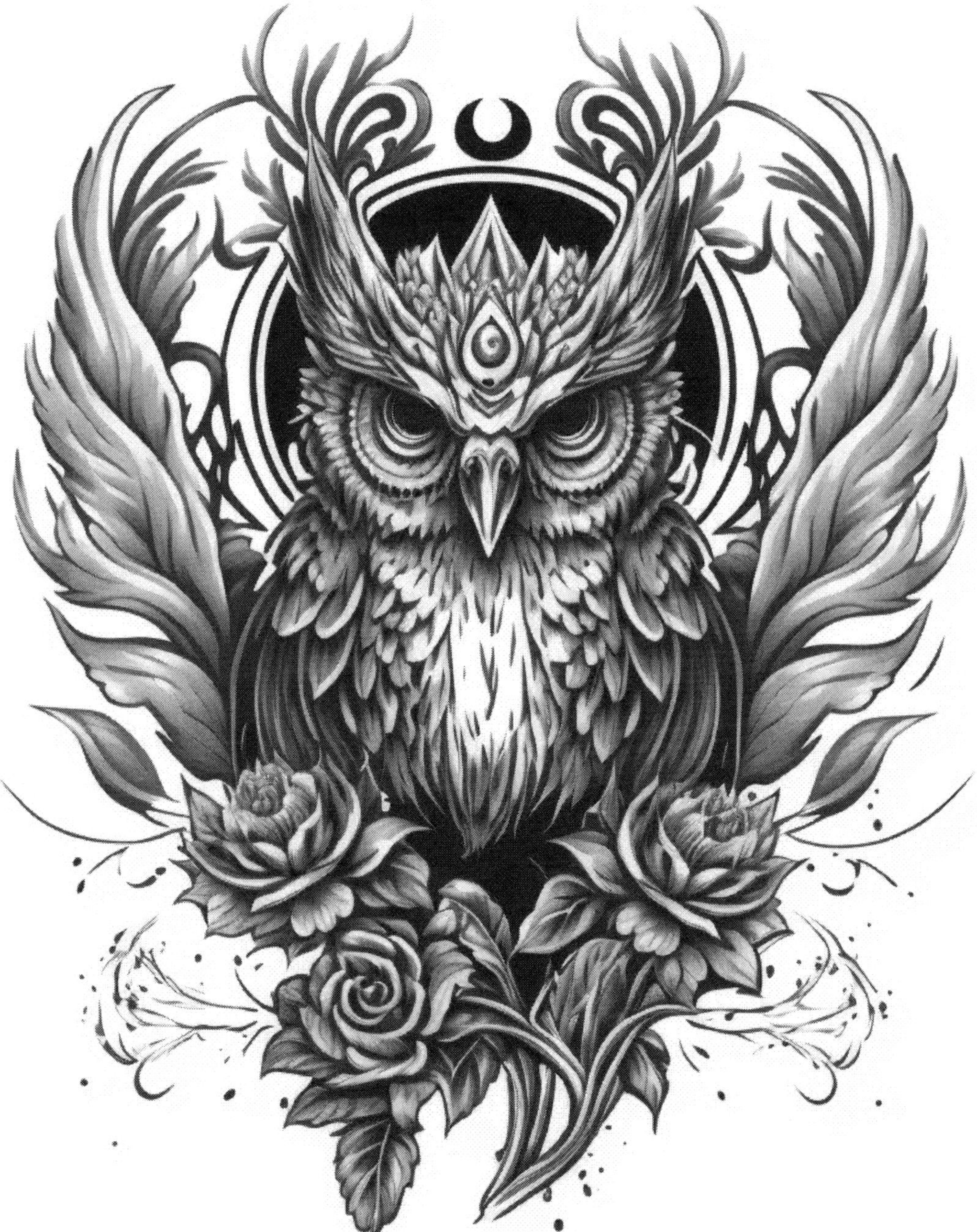

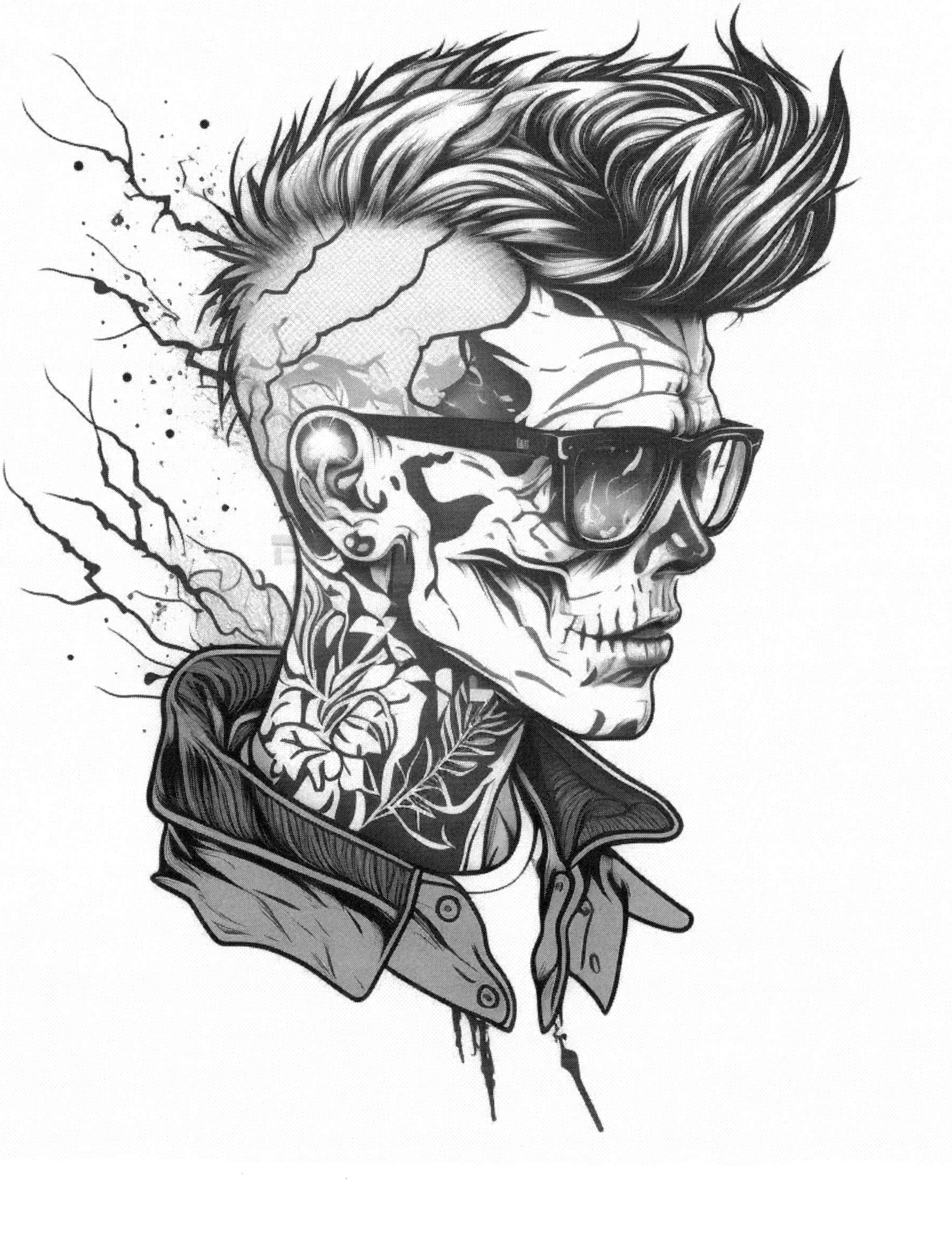

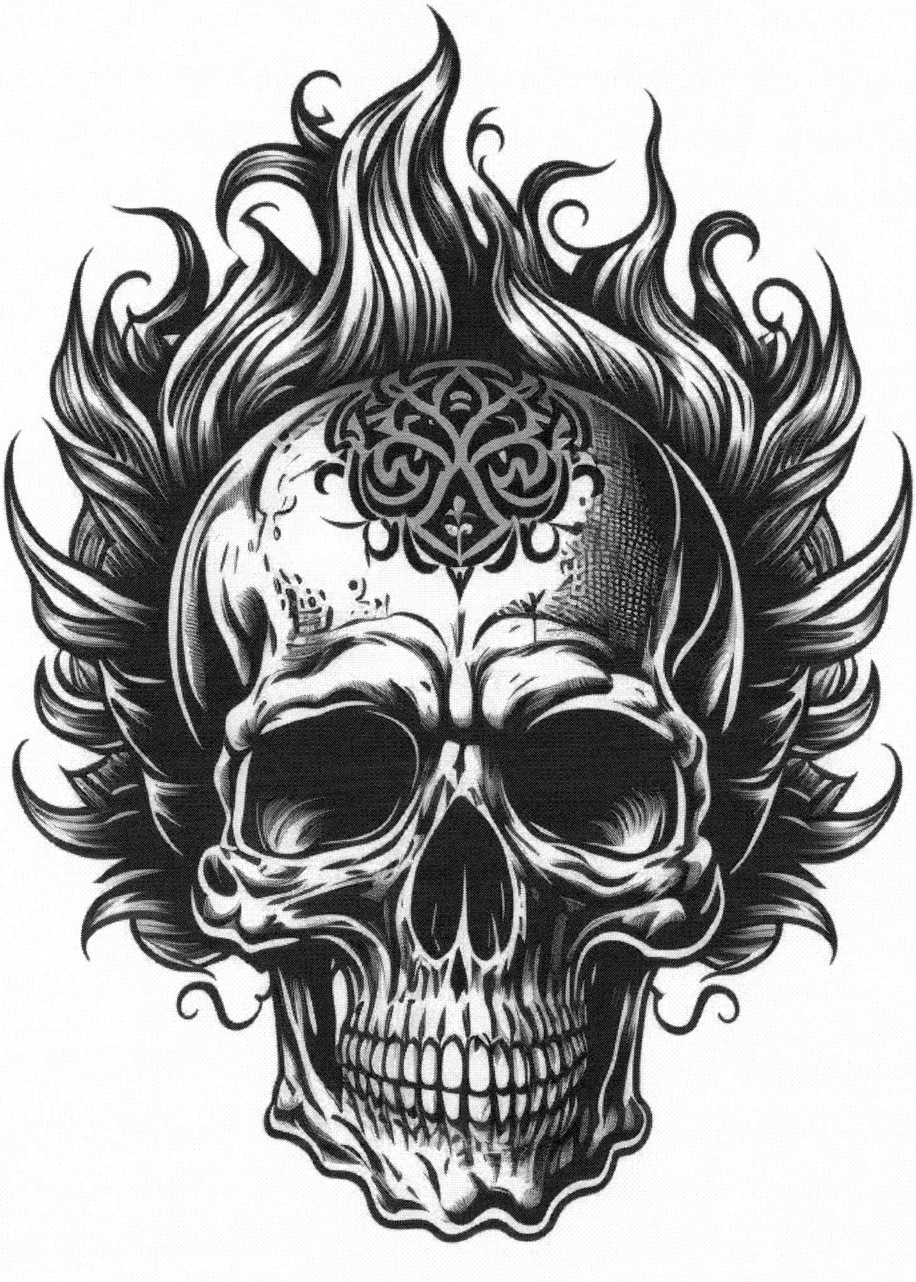

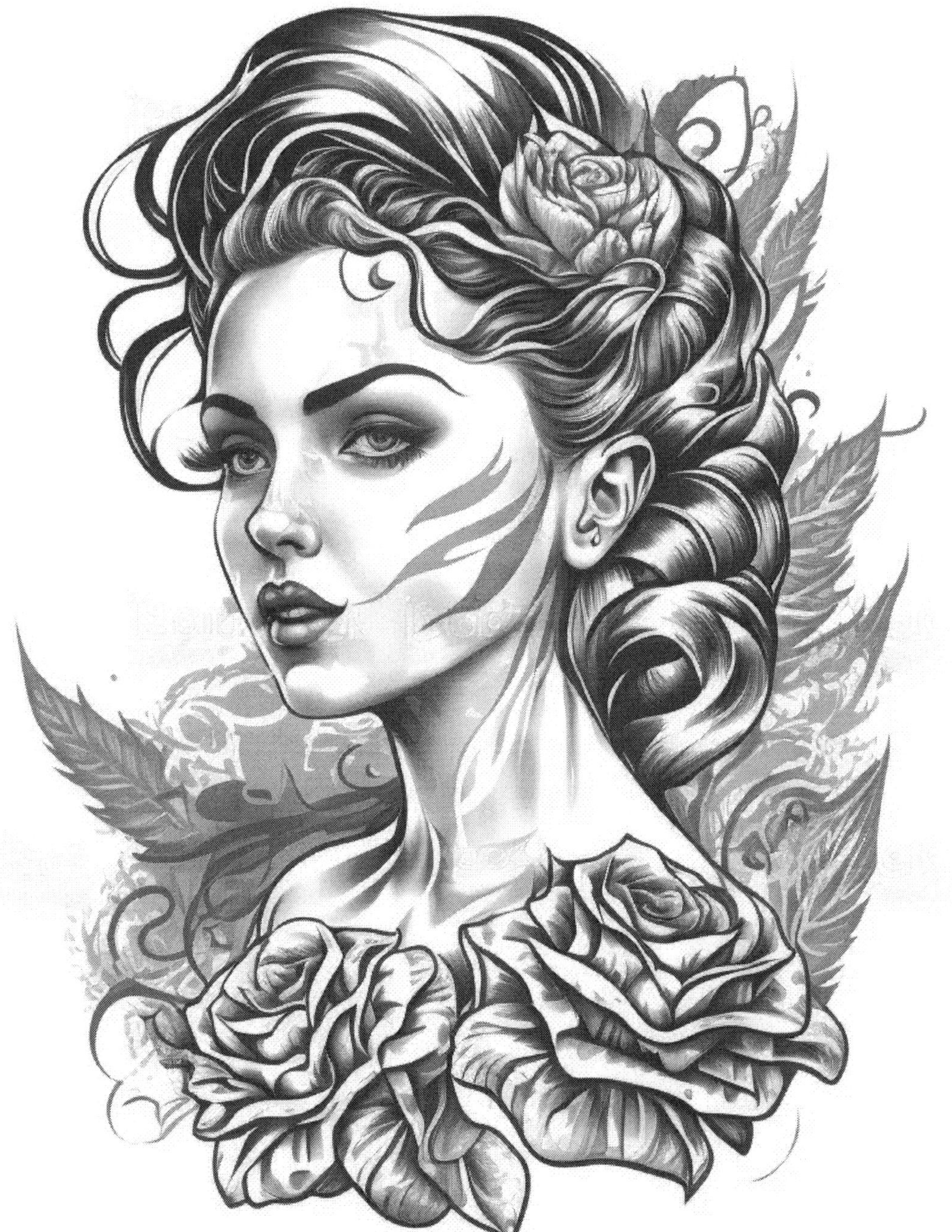

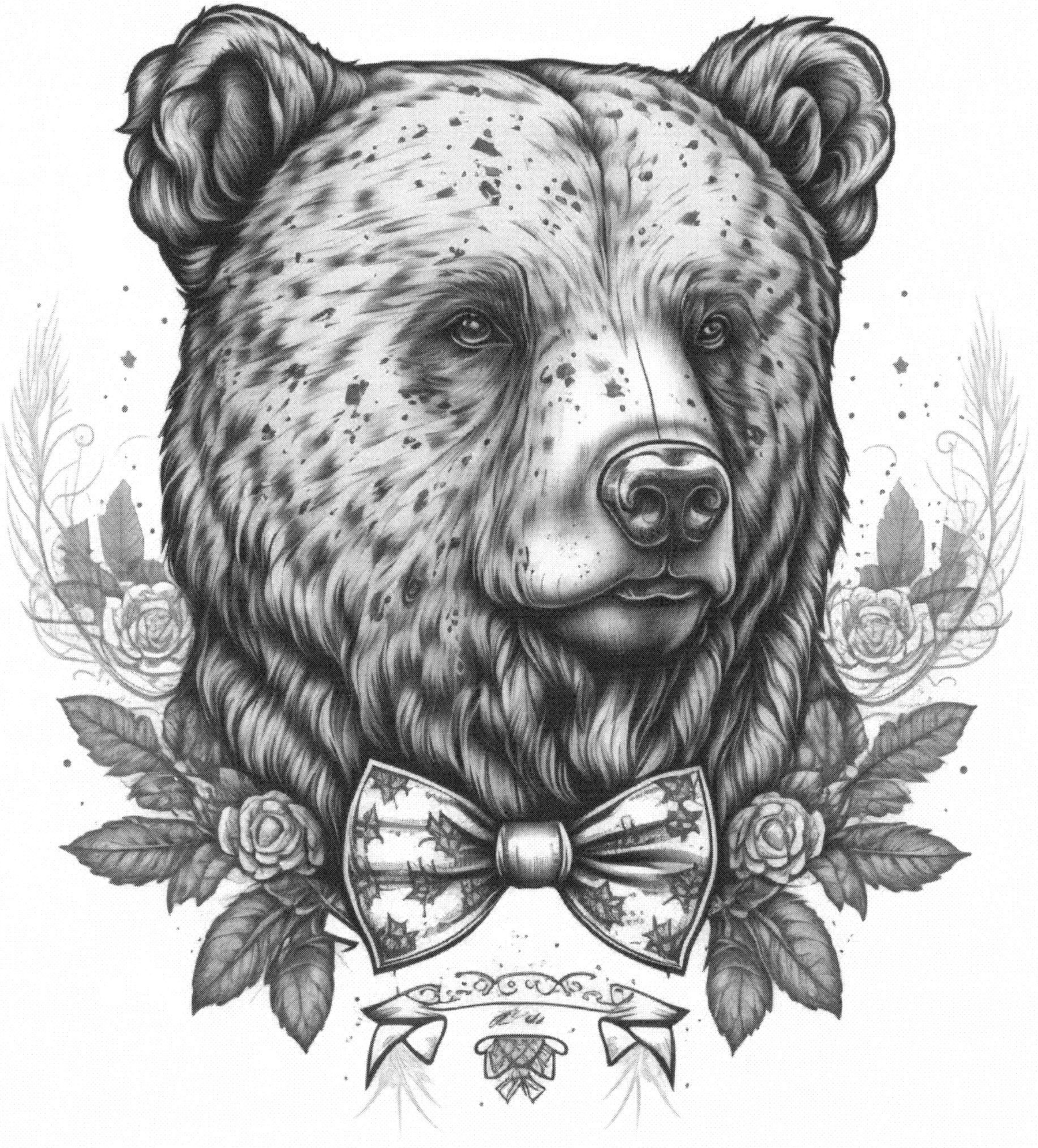

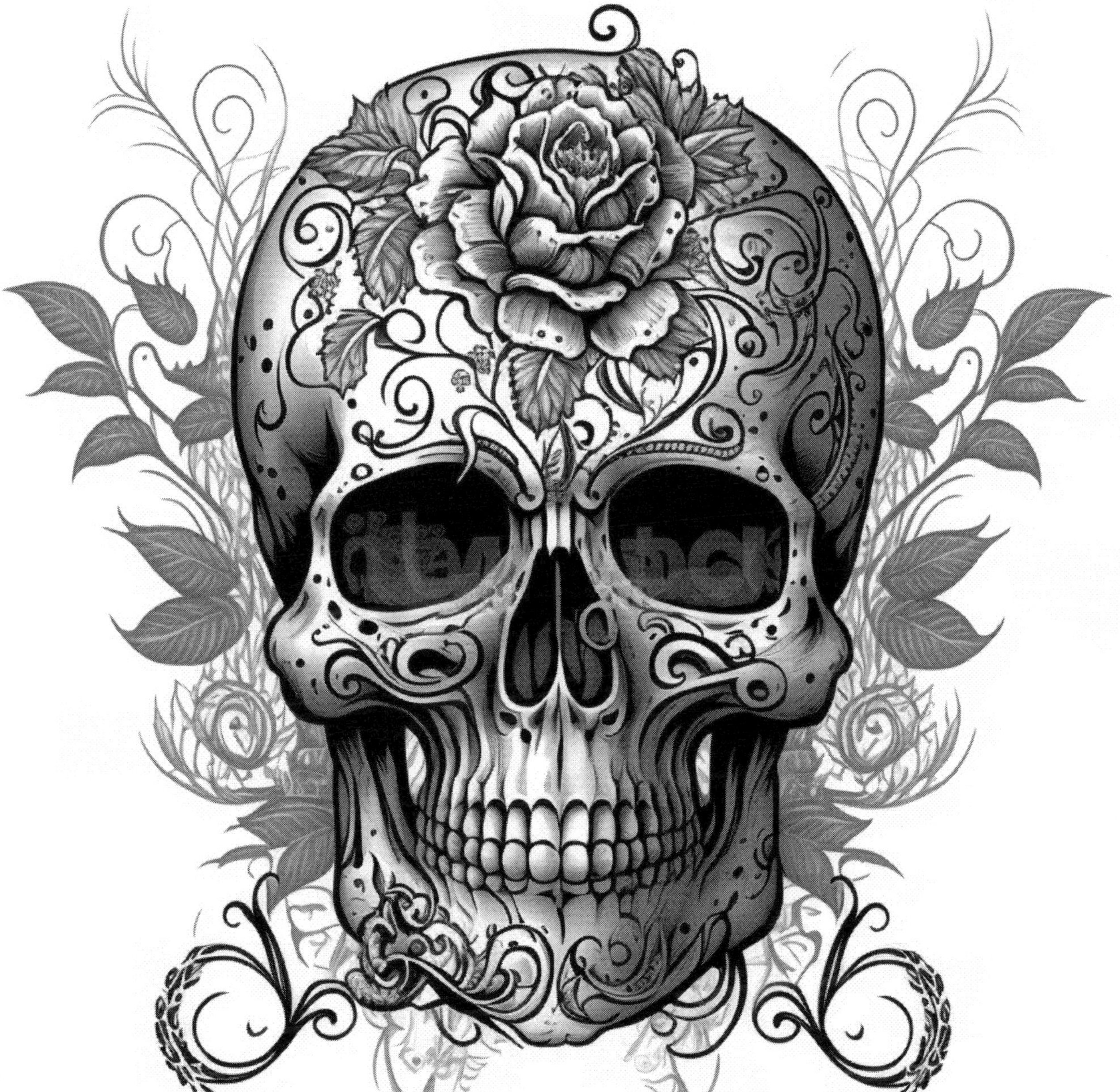

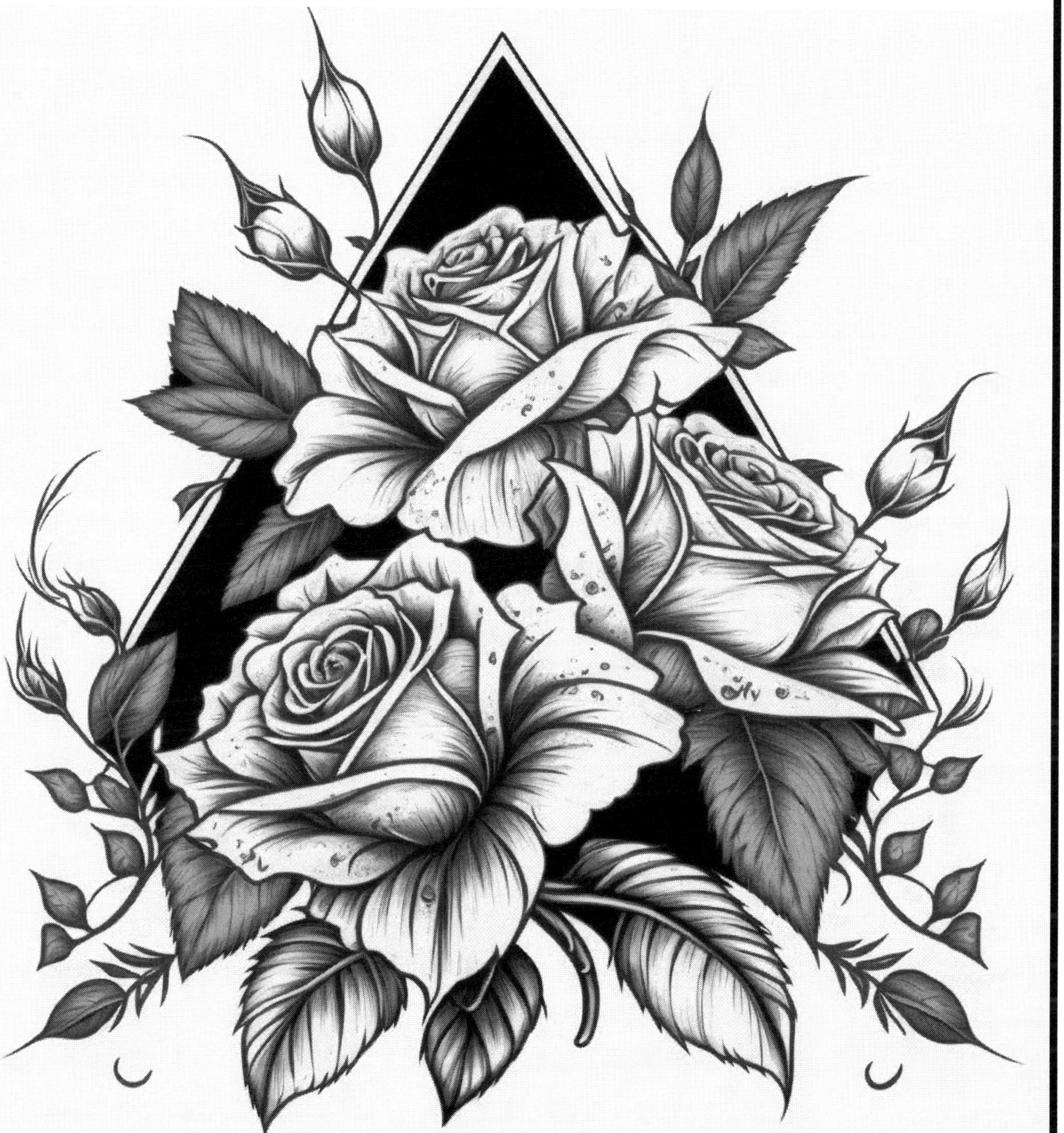

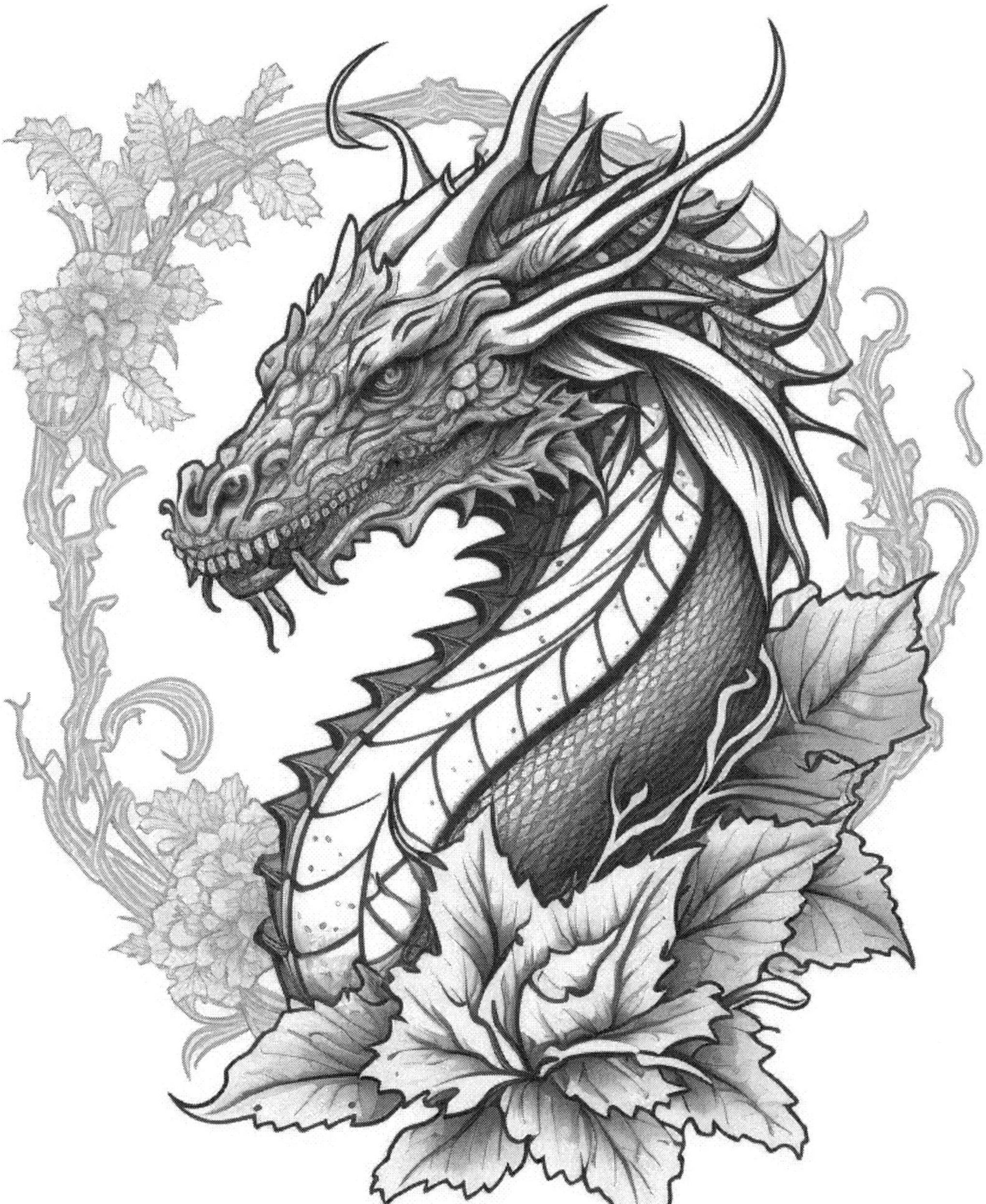

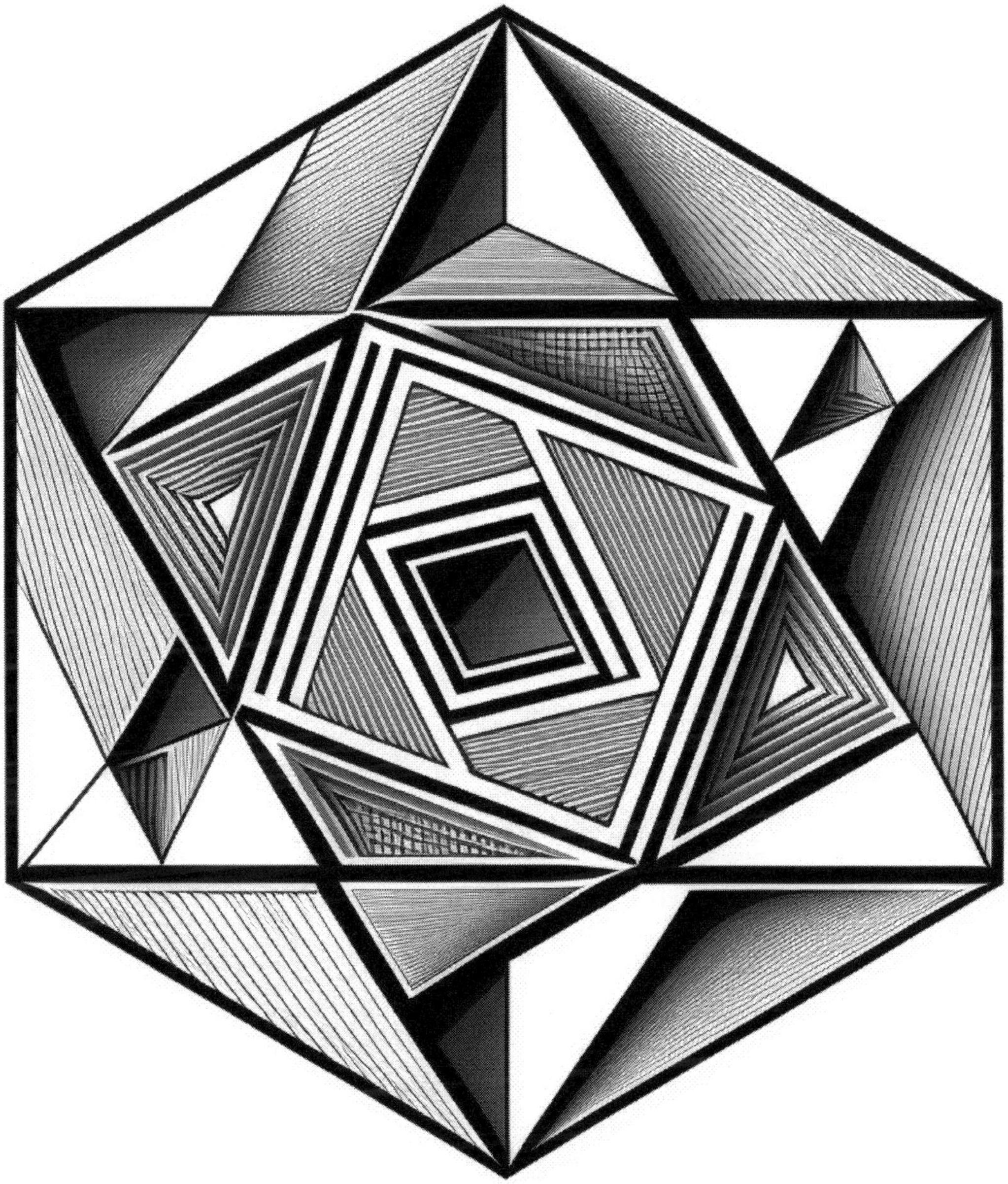

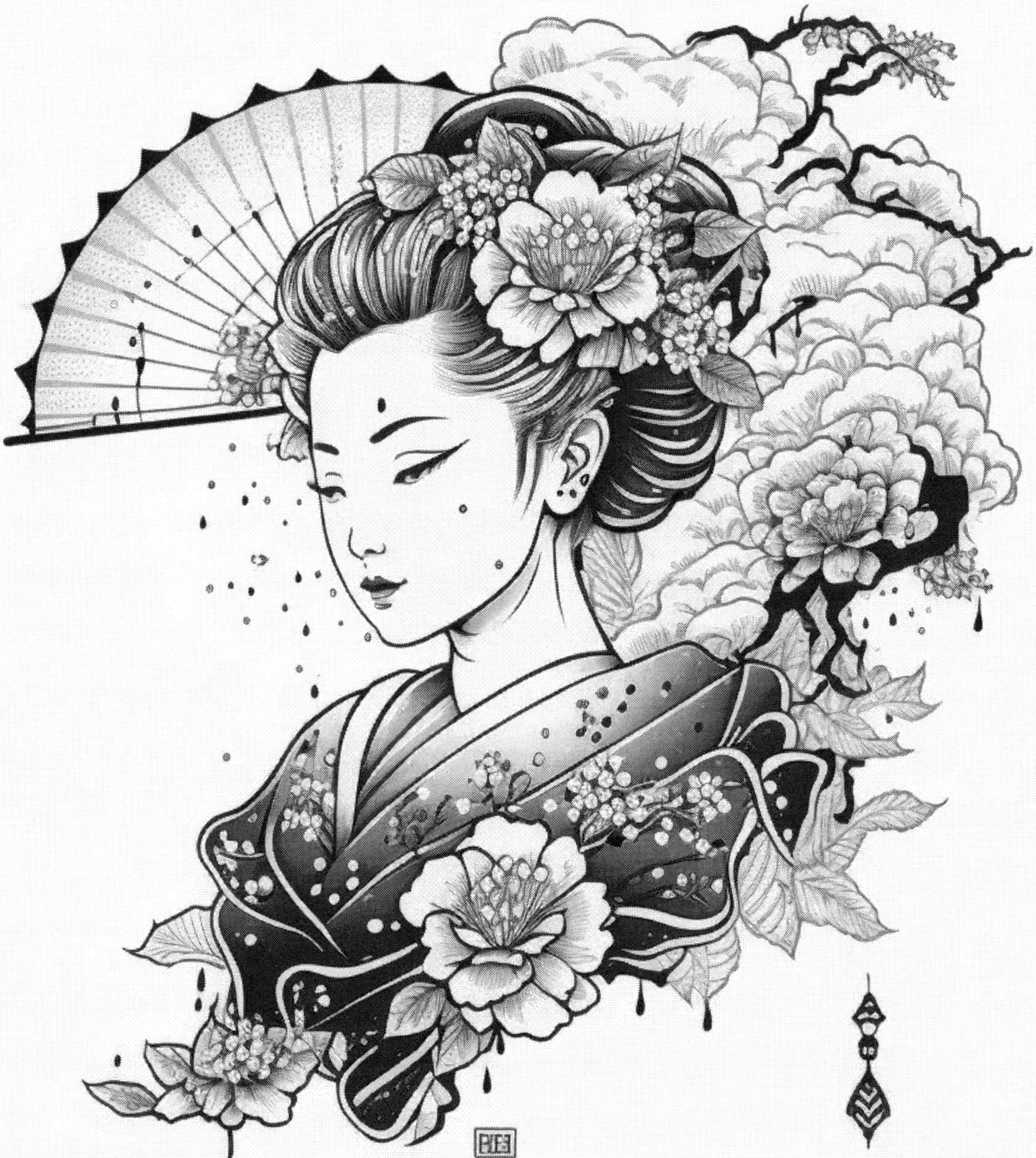

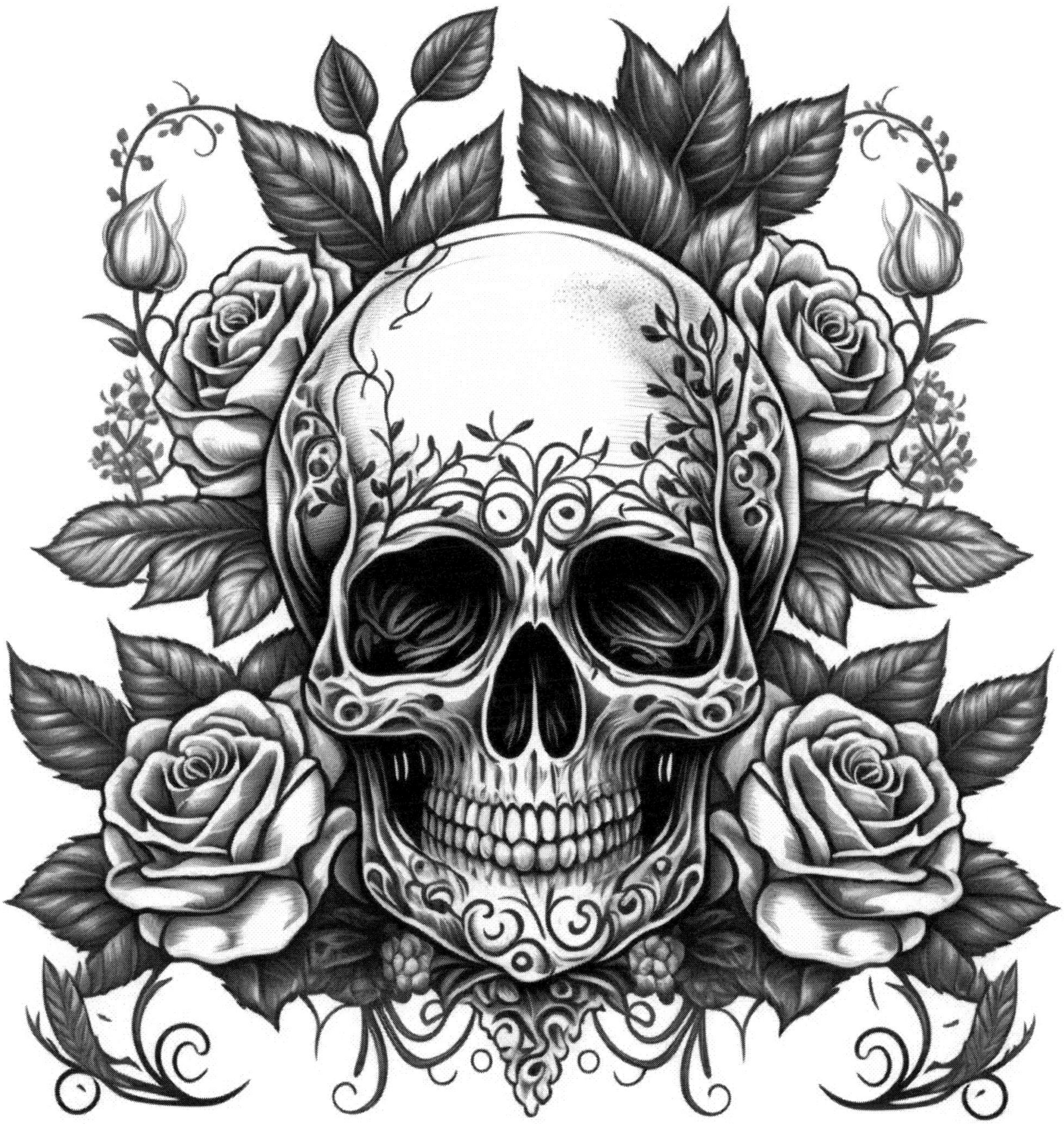

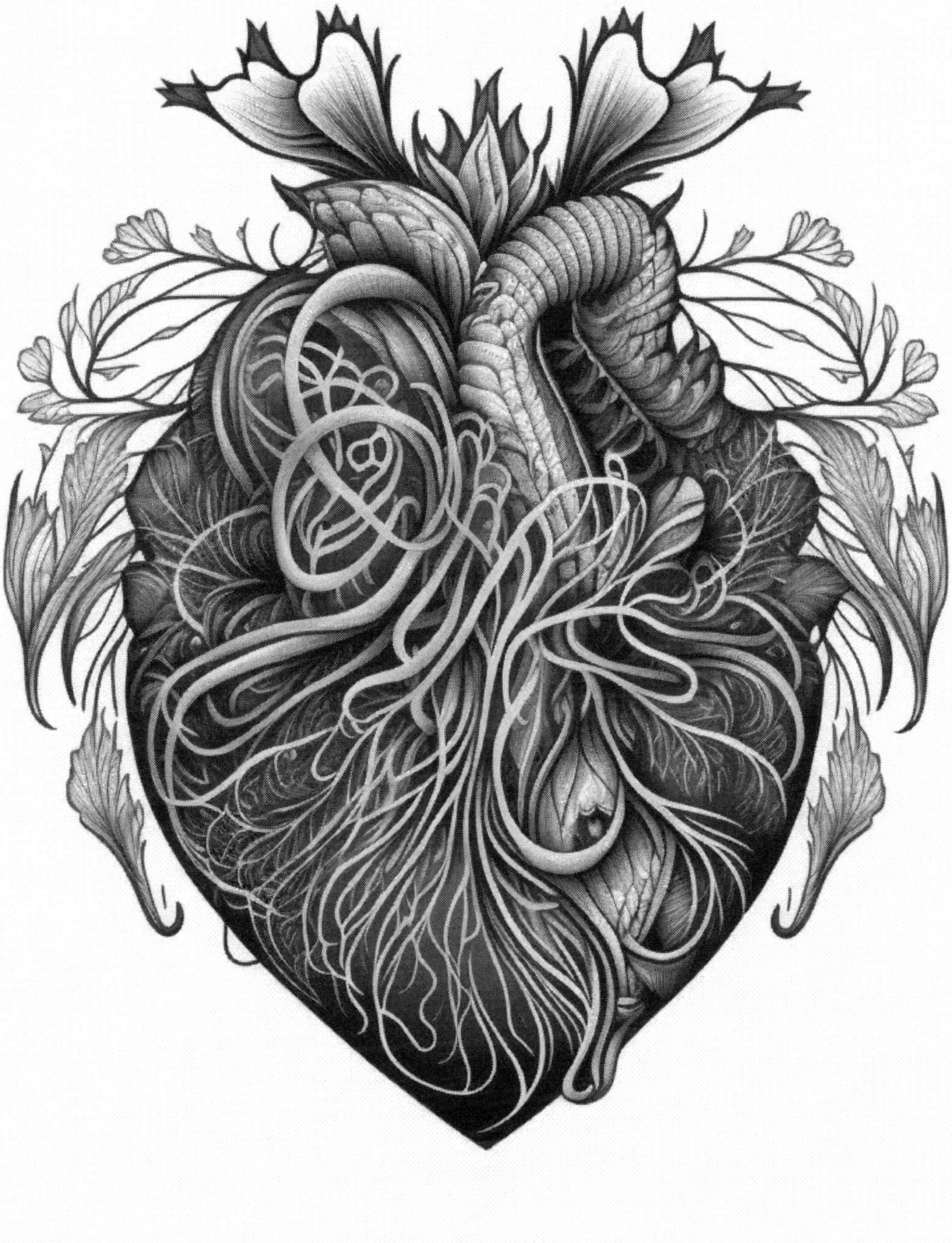

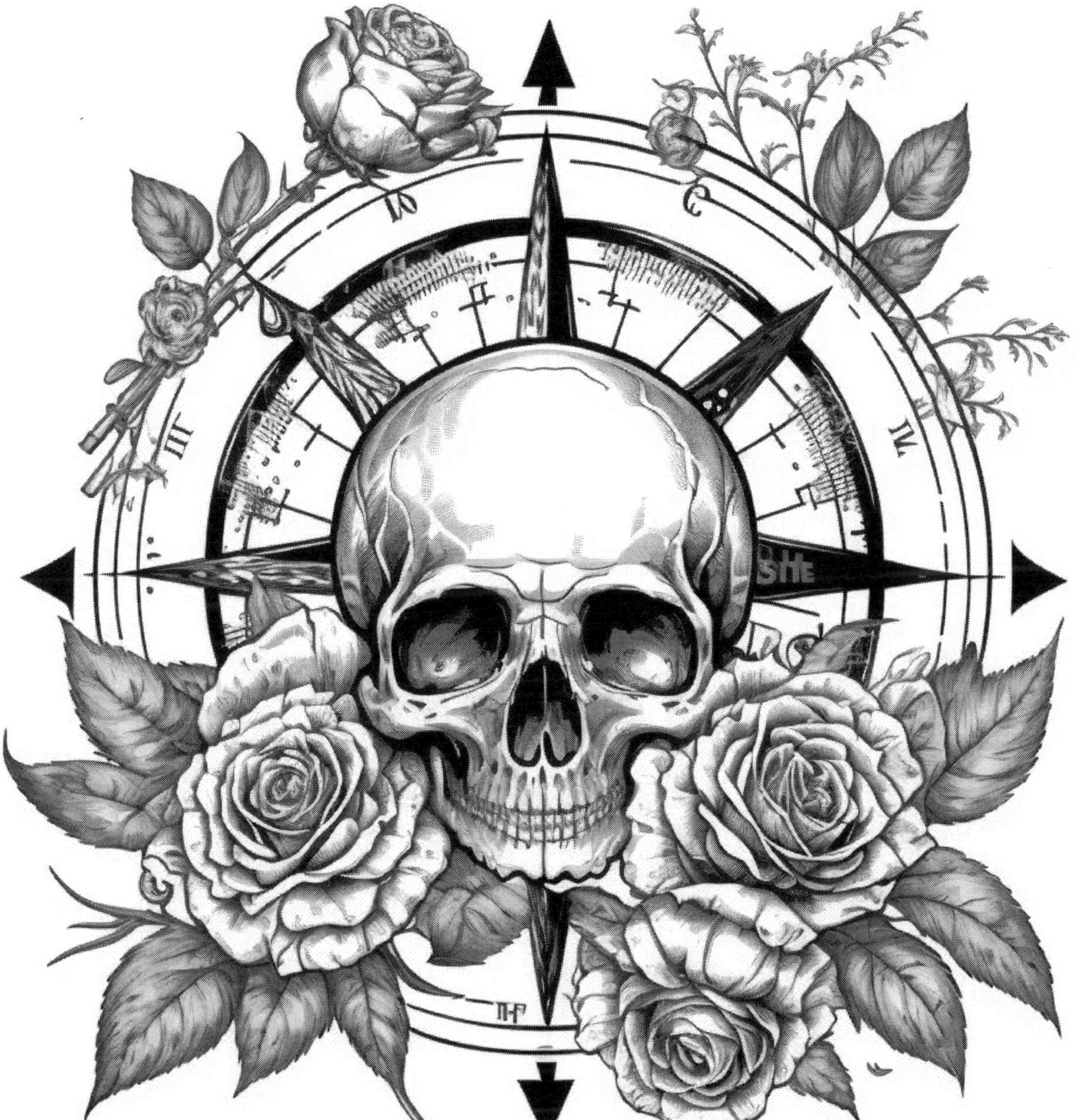

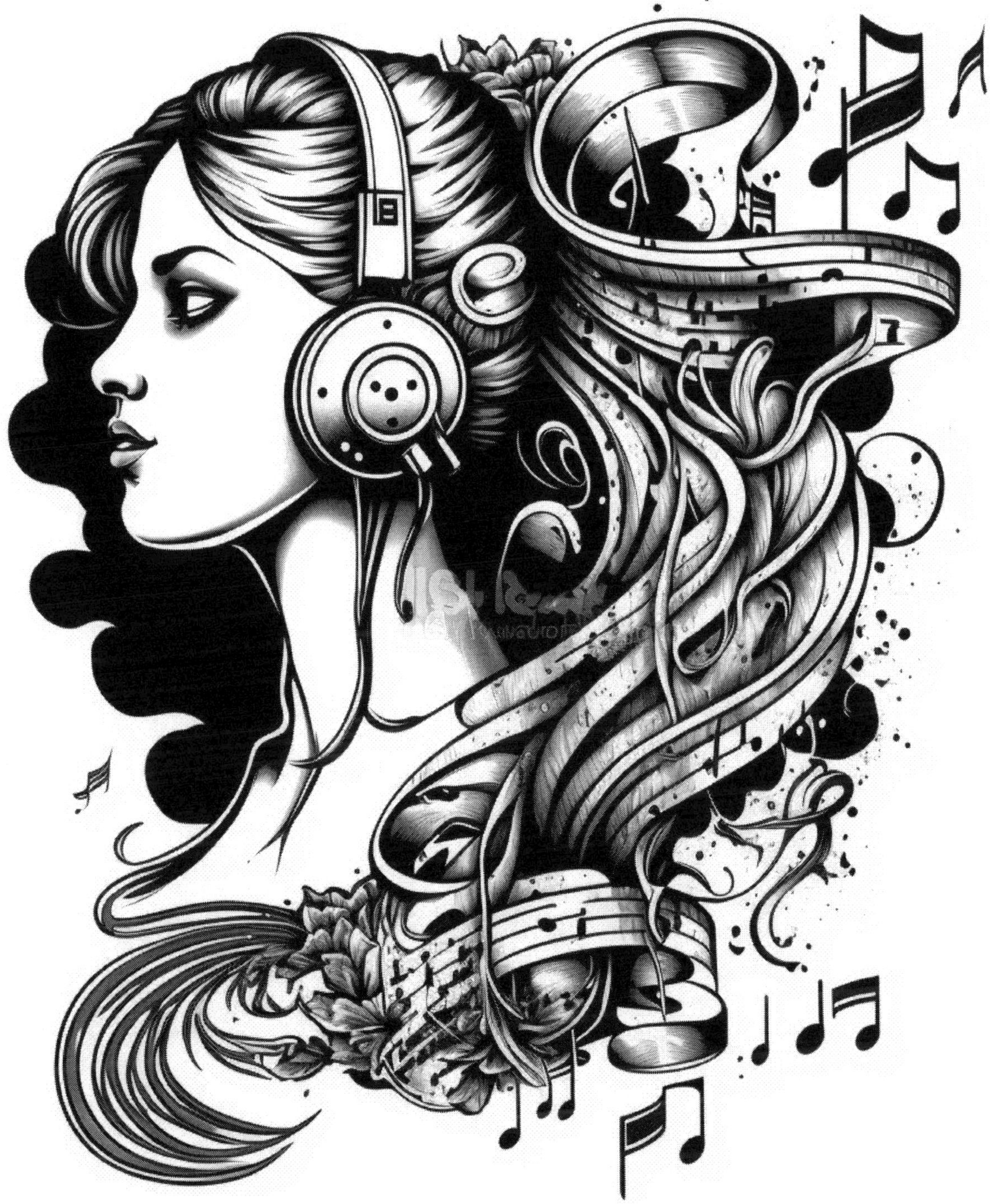

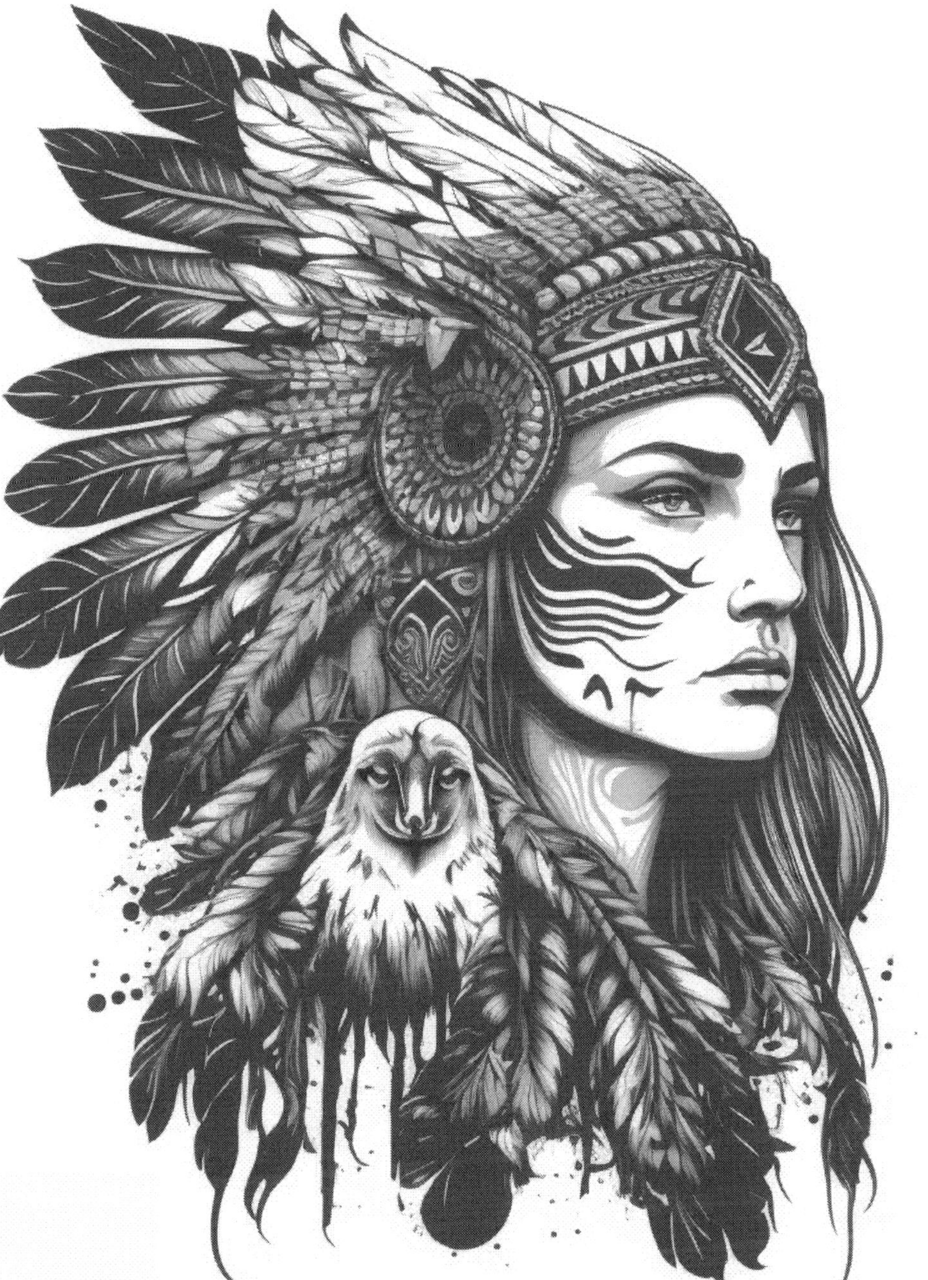

Made in the USA
Monee, IL
12 November 2024

69908016R00035